BEI GRIN MACHT SICH IHR WISSEN BEZAHLT

AF151959

- Wir veröffentlichen Ihre Hausarbeit, Bachelor- und Masterarbeit

- Ihr eigenes eBook und Buch - weltweit in allen wichtigen Shops

- Verdienen Sie an jedem Verkauf

Jetzt bei www.GRIN.com hochladen und kostenlos publizieren

Tanja Giesen

Kirche zur Zeit des Nationalsozialismus

GRIN Verlag

Bibliografische Information der Deutschen Nationalbibliothek:

Die Deutsche Bibliothek verzeichnet diese Publikation in der Deutschen National-
bibliografie; detaillierte bibliografische Daten sind im Internet über http://dnb.d-
nb.de/ abrufbar.

Impressum:

Copyright © 2010 GRIN Verlag GmbH
Druck und Bindung: Books on Demand GmbH, Norderstedt Germany
ISBN: 978-3-656-43547-1

Dieses Buch bei GRIN:

http://www.grin.com/de/e-book/206348/kirche-zur-zeit-des-nationalsozialismus

GRIN - Your knowledge has value

Der GRIN Verlag publiziert seit 1998 wissenschaftliche Arbeiten von Studenten, Hochschullehrern und anderen Akademikern als eBook und gedrucktes Buch. Die Verlagswebsite www.grin.com ist die ideale Plattform zur Veröffentlichung von Hausarbeiten, Abschlussarbeiten, wissenschaftlichen Aufsätzen, Dissertationen und Fachbüchern.

Besuchen Sie uns im Internet:

http://www.grin.com/

http://www.facebook.com/grincom

http://www.twitter.com/grin_com

Städtisches Röntgen-Gymnasium

Remscheid - Lennep

Kirche zur Zeit des

Nationalsozialismus

Tanja Giesen

Grundkurs Religion re2

Schuljahr 2009/10

25.03.2010

Inhaltsverzeichnis

1   Einleitung

„Kirche zur Zeit des Nationalsozialismus" – dieses Thema beinhaltet bis heute eine umstrittene Problematik: *Welche Rolle spielte die Kirche tatsächlich im Kampf gegen die nationalsozialistische Schreckensherrschaft und war ihr Widerstand aktiv und wirkungsvoll genug?*

Diese Fragestellung hat auch mich in ihren Bann gezogen. So wird die Kirche doch allgemein als eine der erfolgreichsten Widerstandskämpfer der NS – Zeit angesehen und für ihre Heldentaten der damaligen Zeit gepriesen. Wohl ein Großteil der Bürger der Bundesrepublik Deutschland würde diese Ansicht teilen, wenn man ihn auf die Rolle der Kirche im Nationalsozialismus ansprräche. Doch wenn wir ehrlich sind, was für Beispiele und Zeugnisse dieses Widerstandes fallen uns auf Anhieb ein? Die Liste der Ergebnisse unseres Nachdenkens würde bei den Meisten nicht allzu lang sein. Zudem stände diese in keinem Verhältnis zu der Menge der Assoziationen, die wir beispielsweise mit Sophie Scholl oder Schindler verbinden.

Diese Tatsachen bewegen dazu, die Aktivitäten der Kirche zur Zeit des Nationalsozialismus kritisch zu hinterfragen: Was ist damals wirklich passiert?

2   Hitlers Absichten mit der Kirche

Hitler ließ seine Pläne, wie er mit der Kirche verfahren wolle, schon Anfang der dreißiger Jahre in einem Gespräch mit dem deutschen Politiker Hermann Rauschning erkennen. Er hatte in der Kirche schon sehr bald eine potentielle gefährliche Widerstandsorganisation gegen seine Maßnahmen erkannt, die ihn bei der Umsetzung seiner machtpolitischen Ziele sehr behindern würde. Um dies zu verhindern, plante er, die Kirche in Deutschland immer weiter an den Staat zu binden, dadurch als eigenständige Institution zu schwächen und schlussendlich zu vernichten.[1] Doch diese Absicht blieb bis zum Ende des Krieges im Verborgenen, denn Hitler konnte sein Vorhaben aufgrund der sich bald schon bildenden kirchlichen Opposition nie vollends ausführen.

---

[1][2] S. 13

3 Unterscheidung zwischen evangelischer und katholischer Kirche

Die evangelische und die katholische Kirche wehrten sich beide gegen das nationalsozialistische Regime, jedoch auf verschiedene Art und Weise und insbesondere auch in unterschiedlicher Intensität.

Schon die Grundvoraussetzungen für einen wirkungsvollen Widerstand waren bei den Katholiken recht ungünstig. So waren sie zunächst in ihrer freien Meinungsäußerung und selbstständigen Tätigkeit durch den hierarchischen Aufbau der Kirche recht eingeschränkt. Zudem hielten sie sich aus traditionell religiösen Gründen stark an bestimmte und durchaus einschränkende Bibelstellen. Gekrönt wurde das Ganze noch von einer großen Konfliktscheue.

Im Gegensatz dazu erlaubte bei den Evangelischen die Möglichkeit der freien Meinungsäußerung und Beschreitung eigener Pfade innerhalb der Gemeinschaft eine weitaus kritischere und offenere Auseinandersetzung mit der Problematik des Nationalsozialismus.

Die Voraussetzungen für einen aktiven Widerstand gegen das nationalsozialistische Regime waren also grundverschieden. Folglich sollte auch der Widerstand unterschiedlich verlaufen.

4 Die evangelische Kirche zur Zeit des Nationalsozialismus

4.1 Hintergrundgeschichte

Schon im 19. Jahrhundert verfing sich die evangelische Kirche in einer Krise, welche auf den modernen Veränderungen, ausgelöst durch die Französische Revolution, beruhte.[2]

Besonders entscheidend war hierbei die Abschaffung der deutschen Monarchie und die Entstehung der ersten deutschen Republik, der Weimarer Republik. Denn bisher hatte das Staatsoberhaupt auch immer das Amt des Kirchenvorsitzes inne gehabt. Die Kirche fühlte sich folglich um ihre Führungsperson betrogen. Befürchtungen, wie die, dass es zu einer strikten Trennung von Staat und Kirche und daraus resultierend zu

einem religionslosen Staat kommen könnte, verbreiteten und festigten sich rasant.

---

[2][1] S. 524

4

Das führte dazu, dass die evangelische Kirche nun auch vehement das Gerücht der Dolchstoßlegende unterstützte, welches die Sozialisten als hinterhältige Vaterlandsverräter darstellt, die die Schuld daran tragen, dass Deutschland den ersten Weltkrieg verlor. Dadurch hofften die Christen, die Sozialisten ausschalten zu können, um zu den alten staatlich – kirchlichen Verhältnissen zurückfinden zu können.

In ihrer Unsicherheit und Furcht versteifte sich die Kirche allerdings allzu sehr in ihren radikal konservativen und antidemokratischen Ansichten. Die „"Sehnsucht nach der alten Geborgenheit im Staat""[3] bestimmte das allzu manifestierte Wunschdenken der Christen und führte dazu, dass sich eine breite Masse von ihnen hinter die Deutschnationale Volkspartei (DNVP) stellte. Schon diese konservative Partei strebte eine Verbindung des nationalen Gedankenguts und des Christentums und einen wirksamen Kampf gegen ein zu einflussreiches Judentum an.

So manifestierten sich Patriotismus und Nationalismus in der Kirche immer weiter. Folglich ist es nicht verwunderlich, dass auch Hitlers Ideologien und Ziele (zumindest die offen vertretenen) hier sehr schnell auf fruchtbaren Boden fielen, begierig angenommen und unterstützt wurden. Zwar gab es schon zu Beginn seiner öffentlichen Agitationen Widerstand von wenigen religiösen Sozialisten, doch dieser hielt sich sehr in Grenzen. Denn endlich schien es die Möglichkeit der Erfüllung zu geben, dass unter einer starken nationalsozialistischen Führung Ruhe und Ordnung wieder hergestellt würden und gleichzeitig eine Eindämmung der unangenehmen Gedankengüter des Marxismus, Liberalismus und Atheismus wahr werden würde.[4]

4.2 Aufteilung in Deutsche Christen und Bekennende Kirche

Die Wellen der nationalen Euphorie wogten nach Hitlers Machtantritt und seine Ideen wurden vom Großteil der Kirche jubelnd begrüßt.

So kam es 1932 zu einer Formierung der „Deutschen Christen" (kurz: DC) innerhalb der NSDAP mit dem Hauptziel einer Neuordnung der Kirche.[5]

---

[3][2] S. 19
[4][2] S. 18, 19, 31
[5][1] S. 525

Diese beinhaltete die Forderung nach einer deutschen Reichskirche, die nach dem Führerprinzip aufgebaut und von einem Reichsbischof angeführt werden sollte. Kurz gesagt, wurde eine Gleichschaltung der Kirche in Anbindung an den NS – Staat angestrebt, welche es Hitler wesentlich erleichtert hätte, die Kirche zu kontrollieren.[6]

Doch nie schlossen sich alle Christen diesen Bestrebungen an. Anfangs war es bloß die kleine Gruppe der Vertreter der Dialektischen Theologie, die schon von ihrem Glauben aus alles hinterfragte. Doch schon sehr bald, als die Einführung eines Arierparagraphen diskutiert wurde, welcher es Nichtariern vorenthalten sollte, einer christlichen Institution anzugehören, erhob sich in den Reihen der evangelischen Christen erster Widerstand: Anhänger der sogenannten Jungreformatorischen Bewegung, welcher unter anderem die Pfarrer Martin Niemöller und Walter Künneth angehörten, protestierten in besonderem Maße gegen diesen Vorstoß.[7] Dennoch erhielt sich diese Bewegung schon hier ihre kennzeichnende Einstellung: die Loyalität gegenüber dem Staat.[8]

Und damit begann der historische Kirchenkampf – jedenfalls auf der inneren Ebene. Auf der äußeren sollte er erst später anfangen.

Die oben genannte Staatsloyalität hatte zur Folge, dass die Jungrefor-matoren bei den am 27. Mai 1933 anstehenden Kirchenwahlen einen eigenen Kandidaten aufstellten: Friedrich von Bodelschwingh. Denn den von Hitler persönlich abgesandten Ludwig Müller konnten und wollten sie unmöglich guten Gewissens wählen.

Da Müller um seine ernst zu nehmende Konkurrenz wusste, blieb er nicht untätig und arbeitete an einer Kundgebung für den 20. Mai 1933 mit, welche die Grundsätze für die „"Gründung der Deutschen Evangelischen Kirche""[9] beinhaltete.[10] Das hatte jedoch keine Auswirkungen darauf, dass Bodelschwingh schließlich zum ersten Reichsbischof gewählt wurde.

Lange hielt sich dieser Ruhm jedoch nicht, denn Bodelschwingh wurde massiv von den DC und dem Staat attackiert, sodass er am 24. Juni 1933,

---

[6][2] S. 35
[7][2] S. 36
[8][1] S. 526
[9,10][2] S. 37

gerade einmal einen Monat nach Amtsantritt schon wieder zurück trat.

Die evangelische Kirche fand sich nun unvermittelt führungs- und orientierungslos wieder. Für Ludwig Müller war es folglich nun ein Leichtes, alle 28 Landeskirchen dazu zu bewegen, am 14. Juli seine „"Verfassung der Deutschen Evangelischen Kirche""[11] vom 11. Juli 1933 zu unterzeichnen und sich somit in gewisser Weise unter die Macht des national - sozialistischen Staates zu bringen.[12]

Schon für den 23. Juli wurden nun kirchliche Neuwahlen angesetzt, welche die DC mit einer eindeutigen Mehrheit von 70% der Stimmen gegen die Jungreformatoren mit 30% der Stimmen gewannen.[13] Als Reaktion auf ihre Niederlage zogen sich die Jungreformatoren offiziell aus dem Kirchenkampf zurück.[14] Dieser kam folglich für eine kurze Zeit zur Ruhe.

Doch kaum, dass der kirchliche Arierparagraph am 5. September 1933 verabschiedet wurde, nahm Pfarrer Niemöller den Kampf wieder auf und gründete den Pfarrernotbund in Anlehnung an die Bewegung der Jungreformatoren. Bis zum Ende des Jahres 1933 traten dem Bund etwa 6000 Pfarrer bei. Ihr Ziel war die „"Wiederherstellung normaler geordneter Verhältnisse in der Heimatkirche [...] auf dem Boden des Evangeliums und der Verfassung der Deutschen Evangelischen Kirche""[15]. Dabei banden sie sich nicht nur, wie schon erwähnt, an die Heilige Schrift, sondern auch an die Bekenntnisse der Reformation.

In die nun aktuelle Debatte um den Arierparagraphen mischte sich besonders intensiv der lutherische Theologe Dietrich Bonhoeffer ein. Unter anderem durch die Verteilung von Flugblättern im August 1933 versuchte er zu verdeutlichen, dass die Judenfrage ein rein religiöser Konflikt, jedoch kein politischer sei. Doch Bonhoeffer erhielt kaum Unterstützung für seine Thesen. Um aktiv gegen Hitlers Verbrechen, vor allem gegen die Juden, vorzugehen, schloss er sich 1940 schließlich einem politisch – militärischen Widerstand gegen den Diktator an.

Doch der kirchliche Kampf gegen den Arierparagraphen ging 1933

[11,12][2] S. 38
[13][2] S. 39
[14][2] S. 40
[15][2] S. 41

erst einmal weiter.

Am 27. September 1933 wurde Ludwig Müller einstimmig, wie es hieß, zum Reichsbischof gewählt, sodass viele Landeskirchen unter die Kontrolle des NS – Regimes kamen.[16]

Die Deutsche Reichskirche schien in einer Blütezeit zu stehen, doch diese hielt nicht lange an. Durch die berühmte Sportpalast – Kundgebung vom 13. November 1933 wurde mit einem Mal eine erhebliche Spaltung innerhalb der Gemeinschaft der DC ins Bewusstsein ihrer Mitglieder gerufen und ließ den Bund auseinander brechen. Denn der gemäßigte Block war zufrieden mit einer Absicherung der Stellung der Kirche und wollte es dabei bewenden lassen. Der radikal gesinnte Teil hingegen strebte eine zweite deutsche Reformation als „"Vollendung der völkischen Sendung Martin Luthers""[17] an. Ihr Problem war die Tatsache, dass sie widerstandslos und ohne Hinterfragung immer weiter mit dem Staat verschmolzen und dadurch den christlichen Glauben aus den Augen verloren. So ist es auch nicht verwunderlich, dass bald Ideen einer völkischen Religion die neue Basis der Kirche zu werden drohten.

Proteste entbrannten in Massen und Christen traten scharenweise aus der Kirche aus oder wechselten zum Pfarrernotbund über.[18] Folglich zerfiel der Zusammenschluss der DC immer weiter in kleine, bedeutungslose Gruppen. Beschleunigt wurde dieses Auseinanderbrechen noch durch eine Eingliederung der evangelischen Jugend in die HJ, wodurch die Kirche noch mehr Einfluss Preis gab.

Ludwig Müller fürchtete nun, begründeter Weise, um seine Position und erließ ein Gesetz, laut dem das Kirchenregiment von niemandem angegriffen werden durfte. Wer sich widersetzte, sollte mit dem Ausschluss aus der Kirche bestraft werden.

Eine Verbesserung der Umstände im Kirchenkampf schien in Sicht, als Hitler am 25. Januar 1934 zu einem Empfang einlud, welcher offiziell die Konflikte der beiden Kirchenoppositionen beilegen sollte. Doch stattdessen eskalierte die Situation, als Göring ein abgehörtes Telefonat Niemöllers vortrug,

---

[16][2] S. 42
[17][2] S. 43
[18][2] S. 44

nach welchem der Pfarrer nun als staatsgefährlich eingestuft und frühzeitig pensioniert wurde. Die Situation kehrte sich folglich schlagartig um. Müller ging gestärkt aus dieser Situation hervor, während der Pfarrernotbund nun auseinander zu brechen drohte.[19]

Der Reichsbischof ließ sich diese Chance nicht entgehen und setzte im Frühling 1934 alles daran, zusammen mit dem ehemaligen Staats-kommissar Jäger, den er zum Rechtswalter ernannte, endlich seine Ideen einer deutschen Reichskirche umzusetzen.

Doch das ließ die kirchliche Opposition wiederum in ungekanntem Maße erstarken. Vom 29. bis zum 31. Mai 1934 kamen Lutheraner, Reformierte und Unierte zu einer ersten sogenannten Bekenntnissynode in Barmen zusammen. Gemeinsam formierten sie sich zur Gemeinschaft der „Bekennenden Kirche" (kurz: BK). Ihre Grundlage stellte die dort verabschiedete „Barmer Theologische Erklärung" dar, welche die

evangelischen Wahrheiten bekannte und sich gegen die Irrtümer der DC wandte. So wurden sechs fundamentale Thesen formuliert, basierend auf der Überzeugung, dass Gottes Wort die alleinige Autorität in der Welt darstellt und dass Jesus das Zentrum allen Handelns ist:[20]

Die erste These stellt klar, dass Jesus als einziger den Anspruch erfüllt, Gottes Offenbarung auf Erden zu sein. Eine von den DC vertretene Gottgesandtheit Hitlers wurde somit bestritten.

In der zweiten These wird die Sündenvergebung durch Jesu Leiden als wahr und gesichert niedergeschrieben und klargestellt, dass alles Leben, also auch das Leben eines jeden Menschen, Gott gehört.

Die dritte These erinnert an die Verantwortung der Kirche gegenüber dem Weltgeschehen.

In der vierten These wird ein Aufbau der Kirche von unten ausgehend ausgelegt. Laut diesem soll sie auf die Gemeinde aufbauen, nicht auf den Reichsbischof, wie es bei den DC der Fall war.

Die fünfte These lehnt den Totalitätsanspruch des NS – Staates grundlegend ab und fordert eine institutionell eigenständige Kirche.

---

[19][2] S. 46, 47
[20][2] S. 61f.; [6] S. 1377 - 1380

In der sechsten These wird eine unverfälschte und offene Verkündigung von Gottes Wort zu jeder Zeit gefordert.

Zusätzlich wurde beschlossen, dass die BK als einzige Kirche dazu befugt war, die Deutsche Evangelische Kirche (DEK) rechtmäßig zu vertreten.

In den folgenden Synoden formierte sich die BK immer weiter zu einer gezielten Widerstandsbewegung gegen die DC.[21] Somit weitete sich der Kirchenkampf nun endlich auch auf einen äußeren Kampf aus, der die Kirche als eigenständige, freie und öffentliche Institution mit dem Recht auf eigene Verkündigung erhalten sollte.[22] Folglich befreite sich die BK bei der zweiten Bekenntnissynode vom 19. und 20. Oktober 1934 in Berlin – Dahlem von der Verpflichtung zum Gehorsam gegenüber den DC. Eine weitere Anordnung ging sogar so weit, dass alle Gemeinden nur noch den Anweisungen der BK, nicht aber mehr denen der DC folgen sollten.[23] Der Hinweis wurde befolgt und bald nahm der Widerstand dadurch so gewaltige Ausmaße an, dass Jäger freiwillig zurück trat und auch Ludwig Müller seine Gesetze zur Durchsetzung einer Reichskirche am 20. November 1934 zurück zog.[24]

Nun benötigte die BK eine klare Führung, um einem Auseinanderfallen aufgrund von einem nicht ganz scharf definierten Kurs vorzubeugen. So wurde am 22. November 1934 die sogenannte „Vorläufige Kirchen-leitung" (VKL) eingeführt. Über Jahre hinweg blieb sie tatsächlich die kirchlich, jedoch nicht staatlich, anerkannte Leitung der DEK.

Müller versuchte vergeblich dagegen anzugehen.[25]

4.3 Die Verbreitung des Neuheidentums

Noch eine weitere Bewegung kam der BK 1935 in die Quere – die „Deutsche Glaubensbewegung", welche vom Staat sicherlich in nicht geringem Maße unterstützt wurde. Ihre Ideen beruhten auf dem Buch „Mythus des 20. Jahrhunderts", verfasst von dem NSDAP – Politiker Alfred Rosenberg, und lassen sich unter dem Begriff „Neuheidentum"

---

[21][2] S. 62, 63
[22][1] S. 524
[23][2] S. 63
[24][2] S. 61
[25][2] S. 64

zusammenfassen. Dessen Grundlage stellt ein germanisch – heidnischer Gottesglaube dar. Er erklärt auch teilweise die fanatischen Einstellungen der Nationalsozialisten gegenüber Ariern, als Menschen der einzig wahren und wertvollsten Rasse.

Dieser heidnische Glaube ließ den NS – Staat mit seinen Ideologien als völkische Religion da stehen und erhob Hitler zu einer Art „Gott". Sogar die Kinder genossen schon bald eine neuheidnische Erziehung in der HJ.[26]

Walter Künneth schrieb 1935 nun eine „Antwort auf den Mythus", in dem er die Vorstellungen Rosenbergs davon, wie Kirche und Religion zu sein hätten, als eine „"Pseudokirche""[27] enttarnte. Dieses Buch bremste die Glaubensbewegung jedoch keineswegs. Schon bald wurde von der Regierung ein Gesetz verabschiedet, welches es verbat, das gesamte Alte Testament und auch bestimmte Teile des Neuen Testamentes, welche den Ideologien der Nationalsozialisten widersprachen, öffentlich zu verkündigen. So sollte auch die Grundbotschaft des NT wegfallen, dass Gott die Armen und Schwachen liebt, sodass Jesu Tod zur Vergebung der Sünden folglich verpönt wurde.[28]

Doch die Mitglieder der BK dachten nicht daran, dieser Vorschrift Folge zu leisten und weigerten sich somit auf der Bekenntnissynode der Altpreußischen Union (APU) im März 1935, diese einzuhalten. Die Folge waren zahlreiche Verhaftungen durch den Staat. Auf der Reichs – Bekenntnissynode vom 4. bis 6. Juni 1935 in Augsburg schien es so, als würde sich die BK davon nicht einschüchtern lassen („"Wir führen den von uns aufgenötigten Kampf um die Wahrheit des Bekenntnisses, die Freiheit der Verkündigung und die Würde der Kirche auch um unseres Volkes willen.""[29]) Doch die Widerstandsbewegung kam nicht so recht ins Rollen. So stimmte Künneth Rosenberg beispielsweise in einigen seiner Punkte zu und formulierte somit keine strikt ablehnende Kritik an seinen Ideologien.[30] Fataler Weise blieb es so über die ganze Zeit der nationalsozialistischen Herrschaft hinweg und es kam nie zu einer klaren und radikal wirksamen Anklage gegen das NS – System.

[26,27][2] S. 65
[28][2] S. 66
[29,30][2] S. 67

5 Die katholische Kirche zur Zeit des Nationalsozialismus

5.1 Standpunkte in der katholischen Kirche

Vor der Zeit der Weimarer Republik hatte sich die katholische Kirche sehr von den allgemeinen gesellschaftlichen Geschehnissen abgekapselt.[31] Doch mit der Proklamation der Weimarer Republik änderte die Kirche ihr Prestige recht schlagartig. Die katholische Zentrumspartei und die Bayerische Volkspartei (BVP) wurden gegründet und setzten sich für eine parlamentarische Demokratie ein. Das Gedankengut des Sozialismus lehnten sie jedoch konsequent ab.

Schon bald entwickelten sich die beiden Parteien zu den wesentlichen Trägern der demokratischen Republik Deutschlands. Aufgrund des demokratischen Katholizismus, den sie vertraten, wurden sie nun schon automatisch zu Gegnern von Hitlers nationalsozialistischen Ideologien.

Als die NSDAP dann bei den Reichtagswahlen am 14. September 1930 recht plötzlich die zweitstärkste Partei im Reichstag wurde, wurde den meisten Bischöfen die von Hitler ausgehende Gefahr allzu bewusst.[32] Sie erkannten, dass „die Kulturpolitik des NS mit dem katholischen Christentum im Widerspruch"[33] stand. Daher durfte kein Katholik Mitglied der NSDAP werden, ansonsten drohte ihm der Ausschluss aus der Kirche. Durch diese Maßnahme sollte einer weiteren Stärkung der feindlichen Partei vorgebeugt werden.

Doch gleichzeitig sah man recht bald, dass die nationalsozialistische Ideologie, ebenso wie die katholische Kirche, den Kommunismus und den Bolschewismus strikt ablehnte. Folglich kam es zu einer allmählichen Abweichung von der klaren nationalsozialistisch – feindlichen Front.

Warnungen von einzelnen Katholiken vor den übrigen staatspolitischen Zielen des NS verhallten ungehört.[34] Dadurch stand die katholische Kirche, wenn auch unabsichtlich, der Machtergreifung Hitlers am 30. Januar 1933 als Widerstandsbewegung nicht im Wege.

Kaum war Hitler an der Macht, kam jedoch eine grundlegende Problematik

---

[31] [2] S. 23
[32] [2] S. 25, 26
[33] [2] S. 27
[34] [2] S. 29

zum Vorschein. Laut dem Paulusbrief an die Römer ist das Staatsoberhaupt eine von Gott gesandte Obrigkeit, der sich jeder widerstandslos zu fügen hat.[35] Die Kirche war also aufgrund dieser Bibelstelle dazu gezwungen, Hitler als „"gottgesetzte[r] Obrigkeit""[36] anzuerkennen, auch wenn sie sein Handeln und Denken nicht mit ihren kirchlichen Ansichten in Einklang bringen konnte.[37] Folglich war die Kirche hier in einen ernsthaften Konflikt verwickelt, aus dem sie sich aufgrund ihrer Bibelbezogenheit nicht befreien konnte.

Daher nahmen die meisten Bischöfe sofort eine äußerst defensive Haltung ein und versuchten den Eindruck zu erwecken, im Eigentlichen keine grundlegenden Gegner des NS – Regimes zu sein. Nur einzelne Bischöfe schlugen kurzzeitig den direkten Konfrontationskurses ein, wie z.b. der Erzbischof Kardinal Bertram von Breslau, welcher, ironischer Weise, später zu einem der hitlerergebensten Bischöfe werden sollte.

Die widerständischen Bischöfe erkannten die Gefährdung der Kirche durch den NS – Staat und versuchten, die untergegangene Bewegung gegen das Regime wieder aufleben zu lassen. Die Nationalsozialisten reagierten darauf mit terroristischen Aktionen im Volk gegen ihre Gegner.[38]

Nach den Wahlen vom 5. März 1933, aus welchen die NSDAP wiederum gestärkt hervor ging, wurde klar, dass die Zentrumspartei und die BVP nicht mehr lange würden bestehen können. Doch Hitler forderte von ihnen noch die Unterzeichnung seines Ermächtigungsgesetztes, durch welches der Diktator die absolute legislative und exekutive Gewalt im Staat erhalten sollte. Daraufhin schlossen der Vatikan und der Staat ein Abkommen, laut dem die katholischen Parteien das Gesetz unterschreiben würden, falls Hitler sich auf Verhandlungen für ein schon lang ersehntes Reichskonkordat einlassen sollte, durch welches die in der Vergangenheit verloren gegangenen und dennoch ersehnten festen Beziehungen zwischen Staat und Kirche wieder hergestellt werden sollten.[39]

Da Hitler darin eine wirkungsvolle Gelegenheit sah, den katholischen Widerstand gegen seinen Staat auszuschalten, ging er bereitwillig auf das

---

[35][3] S. 192 im NT, Römer 13, 1-2
[36,37][2] S. 48
[38][2] S. 49
[39][2] S. 50

Angebot ein. Zusätzlich lobte er die Bedeutung der Kirche für die Gesellschaft und den Staat heuchlerisch in den Himmel. Eine beachtliche Welle der Begeisterung brach über das Entgegenkommen des Führers aus. Zuvor ausgesprochene Warnungen vor dem nationalsozialistischen System wurden aufgehoben und die Kirche verfiel in eine widerstands-lose Gefolgschaftstreue gegenüber dem NS – Staat.[40]

Doch auch jetzt gab es wieder mahnende Proteste gegen das „"Zurückweichen[s] der Kirche""[41] und die Forderung nach einer „Katholischen Bewegung in Deutschland" wurde immer dringender. Denn die von dem Regime ausgehende Gefahr für die Kirche wurde von einzelnen zusehends durchschaut. So sah z.B. der bedeutende Dominikaner Fanziskus Stratmann, dass die „"bischöfliche Autorität [...] ins Wanken geraten""[42] war und von ihr folglich kein ernst zu nehmender Widerstand mehr würde ausgehen können.

Die damals herrschenden katholischen Proteste blieben von den Nationalsozialisten jedoch nicht unbeantwortet - die kirchenfeindlichen Maßnahmen des Regimes verstärkten sich zusehends. Dennoch wurden im April 1933 die Verhandlungen für ein Reichskonkordat vom Vatikan und der NS – Regierung aufgenommen.

Eine der fatalsten dort abgeschlossenen Vereinbarungen war der sogenannte „Entpolitisierungsparagraph", nach welchem es allen Anhängern der katholischen Kirche verwehrt bleiben sollte, eine Partei zu unterstützen, geschweige denn, ihr Mitglied zu werden, kurzum, sich in politische Angelegenheiten einzumischen. Hier wurde dem Generalpräses des katholischen Jungmännerverbandes, Ludwig Wolker, das zentrale Ziel des NS endlich bewusst – die „"Vernichtung der Kirche als Gemeinschaft und als Einflussmacht""[43]. Doch seine Stimme blieb weitestgehend ungehört.

Erst als die Maßnahmen der Nationalsozialisten gegen die Kirche immer weiter zunahmen, anstatt wie erhofft zurück zu gehen, erhoben sich wieder einzelne und durchaus heftige Proteste.

---

[40][2] S. 51, 52
[41, 42][2] S. 53
[43][2] S. 55

Doch Beschwerdebriefe wurden in den Registraturen der Regierung ungehört verstaut.

So griff ein unbekannter Katholik zu der Methode des Verteilens von Flugblättern. Im „Aufschrei eines deutschen Katholiken" kritisierte er die unterwürfige Widerstandslosigkeit der Bischöfe gegenüber dem Regime.[44]

Die Kirchenleitung war sich der sich aufschaukelnden Konflikte nur allzu bewusst und reagierte darauf mit dem vorschnellen Entschluss, die Verhandlungen des Reichskonkordates zügig voran zu treiben, um möglichst schnell zu einer Einigung mit dem Staat zu gelangen und dadurch die Kämpfe beizulegen. So kam es am 20. Juli 1933 zur Unterzeichnung des Konkordates durch Hitlers Vizekanzler von Papen und die rechte Hand des Papstes, den Kardinal Pacelli.[45]

Die allgemeine öffentliche Reaktion darauf war überschwänglich positiv. Von allen Seiten, auch von Theologieprofessoren, Erzbischöfen, Kirchenzeitungen und sogar von dem äußerst kritischen Ludwig Wolker erhielt Hitler größte Hochachtung.

Widerständische Katholiken und eigenständig agierende Vereine hatten es in dieser Zeit sehr schwer, da sie von ihrer Kirchenleitung im Stich gelassen wurden.[46]

Der überschwängliche Jubel erscheint jedoch ziemlich suspekt vor dem Hintergrund, dass die katholische Kirche immer noch grundlegend im Widerspruch mit den Ideologien Hitlers stand und auch weiterhin von seinen SA - und SS – Kräften attackiert wurde.

Doch gerade darin zeigt sich ein absolut typisches Verhaltensmuster für die katholische Kirche in der damaligen Situation: Sie leistete keinen nennenswerten Widerstand, obwohl sie sicherlich sehr vieles zu kritisieren hatte und das Regime auch später rücksichtslos viele der Abmachungen des Reichskonkordates verletzte.[47] So schloss Hitler z.B. in den Jahren 1937 und 1938 sämtliche katholische Jugendvereine. Diese leisteten jedoch teils Widerstand und existierten im Untergrund weiter.[48]

---

[44][2] S. 56
[45][2] S. 57
[46][2] S. 58 – 60
[47][2] S. 82
[48][2] S. 90

15

Weiterer Widerstand artikulierte sich in der scharfen Kritik der deutschen Bischöfe an Rosenbergs „Mythus des 20. Jahrhunderts".[49]

Ein krasses Gegenbeispiel zum Widerstand stellte der unterwürfige Bischof Berning von Osnabrück dar, der einige Konzentrationslager besuchte und anschließend großes Lob über die dort herrschenden Zustände kund tat.[50]

Eine wichtige Ausnahme beim Widerstandskampf machte jedoch der Bischof Konrad von Preysing, welcher als einziger, alleine und konsequent den Kurs der Nichtanpassung an das nationalsozialistische Regime eingeschlagen hatte.[51]

Doch wenn man von ihm absieht, ist es allzu offensichtlich, dass die Kirche oftmals keine Kritik übte, wo sie es hätte tun sollen, sondern ängstlich mit unterwürfiger Zustimmung versuchte, den Maßnahmen von Hitlers Schreckensherrschaft zu entfliehen. Wenn dennoch Proteste in den katholischen Reihen laut wurden, so gingen sie stets mit einem unterwürfigen und überschwänglichen Lob über Hitler einher, was die Ernsthaftigkeit der Widersprüche entkräftete. Die deutschen Bischöfe konnten sich zudem „nicht auf einen gemeinsamen Kurs gegenüber der nationalsozialistischen Regierung und Partei einigen"[52].

Ein wirksamer Widerstand, der etwas hätte verändern können, war unter diesen Umständen nicht möglich.

5.2 Standpunkt des Papstes

Zu Beginn der nationalsozialistischen Herrschaft Hitlers hatte Papst Pius XI. das ehrenvolle Amt des Papstes inne. Er verurteilte die Ideen und Maßnahmen des NS – Staates auf das Schärfste. Doch er sah auch dessen Macht und die Gefahr für die Kirche, die daraus resultierte. Folglich ließ er schon recht früh im Jahre 1931 verlauten, dass er die Möglichkeit einer vorrübergehenden „Zusammenarbeit mit der nationalsozialistischen Partei"[53] in Betracht zog, um dadurch möglichst größeren Konflikten vorzubeugen. Aus diesem Grund ließ er sich auch auf die Verhandlungen für das Reichskonkordat ein.

---

[49][2] S. 81
[50][2] S. 78
[51][2] S. 100, 101
[52][2] S. 100
[53][2] S. 27

Doch schon sehr bald musste Pius XI. erkennen, dass sein Plan nicht in dem erhofften Ausmaße aufging. So schrieb er bis zum Jahr 1936 34 Protestbriefe an Hitlers Regierung, die jedoch wirkungslos blieben.[54]

Schließlich erreichten die Auseinandersetzungen zwischen Kirche und Staat 1937 ihren Höhepunkt und Pius XI. sah die Existenz seiner Kirche, richtiger Weise, massiv bedroht. Folglich versammelte er im Januar des selben Jahres die Kardinäle Bertram, Faulhaber und Schulte und die Bischöfe von Galen und Preysing um sich, um sich ein genaues Bild von der sich stets verschlechternden Lage der Kirche zu machen. Im Anschluss arbeitete Faulhaber innerhalb von wenigen Tagen eines der wohl wichtigsten Dokumente gegen die Nationalsozialisten aus, welches im Anschluss von Pius XI. und Pacelli noch verschärft wurde – die Enzyklika „Mit brennender Sorge".[55]

Im Untergrund wurde diese an alle Pfarrer des Landes geschickt und am 14. März 1937 von allen deutschen Kanzeln verlesen.[56]

In seiner Schrift verurteilte der Papst die „Unaufrichtigkeit Hitlers"[57], seine vernichtende Religionspolitik und Rassenlehre.

Da Hitler an die Abmachungen des Konkordates gebunden war, konnte er wenig gegen diese Aktion unternehmen und musste sie tatenlos über sich ergehen lassen.

Doch die allgemeine Resonanz auf das Dokument war, auch vom Ausland, enttäuschend gering, wenngleich endlich die Grausamkeit des NS – Regimes ins Bewusstsein der Menschen gebracht wurde.

Am 10. Februar 1939 starb Papst Pius XI. schließlich.[58]

Sein Nachfolger, Pius XII., verhielt sich weitaus neutraler zu Hitler, um nicht noch schlimmere Verbrechen der Nationalsozialisten gegenüber der Kirche zu provozieren. Dennoch bewahrte der Papst durch untergründige Aktionen während des Krieges eine sicherlich nicht unbedeutende Zahl von 700 000 bis 860 000 Juden vor dem sicheren Tod im Konzentrationslager.[59]

---

[54] [4]
[55] [2] S. 82
[56] [2] S. 83
[57] [4]
[58] [4]
[59] [5]

6   Zusammenfassung der Ergebnisse

Sowohl die evangelische als auch die katholische Kirche gaben sich in der prekären Situation der nationalsozialistischen Herrschaft nicht vollkommen dem Regime hin.

Doch dadurch, dass z.b. die BK die Ideologien und Maßnahmen des nationalsozialistischen Regimes nie in einer klaren und radikalen Weise anklagte, wurden auch dessen grundlegende Verbrechen, wie z.b. der massive Verstoß gegen die Menschenrechte und der Holocaust nicht offensiv kritisiert und nicht im Geringsten etwas dagegen unternommen. Dennoch überlebte die BK bis zum Ende des Krieges und hatte somit immerhin die schwierige Aufgabe erfüllt, den christlichen Glauben und die innerkirchlichen Verhältnisse auf Grundlage der Bibel aufrecht zu erhalten.

Der Widerstand der katholischen Kirche war noch wesentlich geringer und vor allem wirkungsloser, da jegliche geäußerte Kritik in der Regel mit einer unterwürfigen Verherrlichung Hitlers einherging.

Ausnahmen, wie der Bischof von Preysing und die Enzyklika „Mit brennender Sorge" von Pius XI. konnten dagegen nichts ernsthaft ausrichten, da ihnen die nötige Unterstützung sowohl aus den eigenen Reihen als auch von außen fehlte. Der Aufgabe eines aktiven Widerstandes gegen die Schreckensherrschaft des nationalsozialistischen Regimes sind beide Kirche, sowohl die evangelische als auch die katholische, schlussendlich also nicht in dem wohl möglich gewesenen Umfang gerecht geworden.

Literaturverzeichnis

[1] Karl Heussi. *Kompendium der Kirchengeschichte.* Tübingen 1981[16]

[2] Georg Denzler/Volker Fabricius. *Die Kirche im Dritten Reich – Christen und Nazis Hand in Hand? Band 1: Darstellung.* Frankfurt am Main 1948

[3] *Die Bibel nach der Übersetzung Martin Luthers – Bibeltest in der revidierten Fassung von 1984.* hg. v. der Evangelischen Kirche in Deutschland. Stuttgart 1985

[4] http://www.kath-info.de/piusxi.html

[5] http://www-theol.uni-graz.at/cms/dokumente/10001252/9e417664/pius-xii.pdf

[6] *Evangelisches Gesangbuch. Ausgabe für die Evangelische Kirche im Rheinland, die Evangelische Kirche von Westfalen, die Lippische Landeskirche, in Gemeinschaft mit der Evangelisch – reformierten Kirche (Synode evangelisch – reformierter Kirchen in Bayern und Nordwestdeutschland).* Neukirchen – Vluyn 1996

Papst Pius XI.

Heute vor 150 Jahren, am Pfingstsonntag, den 31. Mai 1857, wurde in Desio bei Monza in der Lombardei Achille Ambrogio Damiano Ratti geboren. In Mailand und Rom studierte er Theologie und wurde am 20. Dezember 1879 zum Priester geweiht. Er promovierte in Theologie, Philosophie und Recht. 1882 wurde er Professor für Dogmatik am Priesterseminar in Mailand, 1888 Bibliothekar an der Ambrosiana, der berühmten, 400 Jahre alten Mailänder Bibliothek. Ab 1907 leitete er sie als Präfekt. "Es war eine Periode fruchtbaren Schaffens, besonders auf historischem Gebiet. Als Forscher und Organisator wie als aktives Mitglied vieler wissenschaftlicher Gesellschaften gewann er rasch internationales Ansehen" (Hans Hümmeler, Helden und Heilige, S. 100). Er hatte Kontakte u.a. zu Martin Grabmann, Albert Ehrhard, Paul Fridolin Kehr und Contardo Ferrini.

1911 berief ihn der hl. Papst Pius X. auf Vorschlag von Franziskus Ehrle SJ, seit 1895 Präfekt der Vatikanischen Bibliothek, nach Rom, wo er 1914 des Letzteren Nachfolger wurde.

1918 sandte ihn Benedikt XV. als Apostolischen Visitator in das 1916 wiedererrichtete Polen, wo er 1919 Nuntius und am 28. Oktober desselben Jahres von Erzbischof Aleksander Kakowski von Warschau zum Titularerzbischof von Lepanto (Naupactus) geweiht wurde. Seine Leistungen als Nuntius bestanden u.a. in der Wiedererrichtung von fünf Bistümern, die unter russischer Herrschaft aufgehoben worden waren. Allgemeine Hochschätzung erwarb er sich durch sein furchtloses Verhalten angesichts des Vorrückens der Roten Armee auf Warschau: Er war der einzige akkreditierte Diplomat, der nicht aus Warschau floh.

Am 13. Juni 1921 wurde Ratti zum Erzbischof von Mailand und zum Kardinal ernannt. Als Papst Benedikt XV. am 22. Januar 1922 starb, wurde Ratti am 6. Februar mit 42 von 53 Stimmen zum Papst gewählt. Er nannte sich Pius XI. und wählte den Wahlspruch "Pax Christi in regno Christi". "Seit Benedikt XIV. [1740 - 1758] war er der erste gelehrte Papst, der sich durch sein ausgebreitetes Wissen, beträchtliche Sprachkenntnisse und internationale Beziehungen, nicht zuletzt auch durch die Kenntnis moderner wissenschaftlicher Forschung empfahl" (Hubert Jedin, Handbuch der Kirchengeschichte VII, S. 26 f). Er "betrachtete die Förderung der Wissenschaft und ernster wissenschaftlicher Studien als seine ureigenste Aufgabe" (Jedin).

Pius XI. veröffentlichte etwa 30 Enzykliken. Die bedeutendsten davon sind "Casti connubii" über die Ehe und Familie, "Divini illius magister" über die christliche Erziehung, die Sozialenzyklika "Quadragesimo anno", "Ad catholici sacerdotii" über das Priestertum, "Mens nostra" über die Exerzitien, "Rerum Ecclesiae" über die Mission, "Miserentissimus Redemptor" über die dem heiligsten Herzen Jesu geschuldete Sühne, "Quas primas" über das Christkönigtum, "Iniquis afflictisque" gegen die Christenverfolgung in Mexiko, "Divini Redemptoris" gegen den Kommunismus und "Mit brennender Sorge" gegen den Nationalsozialismus.
Pius XI. nahm 33 Heilig- und etwa 500 Seligsprechungen vor.
Um die Gesellschaft im christlichen Geist zu erneuern, gründete er die "Katholische Aktion". Er führte das Christkönigsfest ein und förderte die Mission. "Seit 1926 spendete er zahlreichen Priestern aus Missionsländern persönlich die Bischofsweihe. Beim Tode des Papstes standen bereits vierzig Missionsgebiete unter der Leitung einheimischer Priester. In seinem Pontifikat wurden über 200 Apostolische Vikariate und Präfekturen errichtet" (August Franzen, Remigius Bäumer, Papstgeschichte, Freiburg i. Br. 1988, S. 384 f). Die hl. Theresia von Lisieux, die er selig- und heiligsprach, erhob er am 14. Dezember 1927 auch zur Patronin der Missionen. Er gründete Radio Vatikan und war "der erste Papst, der über den Rundfunk zur ganzen Welt sprach und die modernen Massen-Publikationsmittel klug im Sinne des religiösen Apostolats einsetzte" (Hümmeler, S. 102).

Franzen/Bäumer nennen das Pontifikat Pius' XI. eine "Ära der Konkordate" und zählen folgende Konkordate auf: 1922 Lettland, 1924 Bayern, 1925 Polen, 1927 Litauen, 1927/29 Rumänien, 1929 Italien (Lösung der Römischen Frage nach 60 Jahren Konflikt) und Preußen, 1932 Baden, 1933 Österreich und Deutschland, 1935 Jugoslawien.

Da das letzte Konkordat mit Deutschland fast 500 Jahre zurücklag (Wiener Konkordat von 1448), war ein neues Konkordat schon lange vom Vatikan angestrebt. Erste Entwürfe gab es bereits 1920. Dass der Vatikan das Reichskonkordat durch Unterschrift am 20. Juli 1933 und Ratifizierung am 10. September mit dem erst wenige Monate alten NS-Deutschland abschloss, bedeutete, wie der "Osservatore Romano" am 27. Juli 1933 klarstellte, keine Gutheißung der Lehre und Ziele des Nationalsozialismus. Das im Konkordat festgestellte Recht hinderte allerdings Hitler nicht an fortgesetzten Rechtsbrüchen. Bis 1936 richtete Pius XI. 34 Protestschreiben an die Regierung und veröffentlichte dann am 14. März 1937 die Enzyklika "Mit brennender Sorge", "eine Abrechnung mit Hitlers Unaufrichtigkeit und eine weltweit vernehmbare Anklage gegen die nationalsozialistische Religionspolitik, wie sie keine andere auswärtige Macht in Friedenszeiten gewagt hat und wie sie auch für den Vatikan ohne das legitimierende Instrument des Reichskonkordats, mit dessen Bestimmungen der kirchliche Vertragspartner Hitler beim Wort nehmen konnte, ganz undenkbar gewesen wäre (Volk)" (Franzen/Bäumer, S. 393). Der Papst verurteilte auch die nationalsozialistische Rassenlehre. Das Echo im Ausland war enttäuschend, Pius XI. sprach von einem Komplott des Schweigens. Die Enzyklika paßte nicht zur Appeasement-Politik der Westmächte, trug aber dennoch "dazu bei, daß international ein Bewußtsein für das Unrecht im NS-Staat entwickelt werden konnte" (Michael F. Feldkamp, Pius XII. und Deutschland, S. 111). Bereits am 25. März 1928 hatte der Papst durch das Heilige Offizium den Antisemitismus verurteilt.

Nachdem der Papst, von der Sorge um den Frieden verzehrt, an Weihnachten 1938 Gott sein Leben für die Erhaltung des Friedens angeboten hatte, starb er am 10. Februar 1939.

B   http://www-theol.uni-graz.at/cms/dokumente/10001252/9e417664/pius-xii.pdf

A. Wolkinger: Spirituelle Theologie WS 2008/09 II, S.1-3
   Pius XII. (und der Nationalsozialismus) (2. 3. 1876 – 9. 10. 1958)
Geb. in Rom, entstammt einer angesehenen Juristenfamilie. 1899 Priesterweihe, seit 1901 im Staatssekretariat; 1902 Promotion im Kirchenrecht, 1904 enger Mitarbeiter P. Gasparris, 1909-14 Professor für kirchliche Diplomatie an der Pont. Accad. De Nobili Ecclesiastici, 1911 Untersekretär, 1912 Prosekretär, 1914 Sekretär der SC Neg. extr. 1917 Bischofsweihe und Apostolischer Nuntius am bayerischen Hof (mit der päpstlichen Friedensvermittlung bei der Reichsregierung betraut), 1920 beim Reich (1924 bayrisches, 1929 preussisches Konkordat), 1929 Kardinal. 1932 Abschluss des badischen, 1933 des österreichischen Konkordats. Am 2. 3. 1939 zum Papst gewählt.
Zunächst war er bemüht, die Kriegsgefahr zu bannen. Nach Kriegsausbruch leistete er durch das Päpstliche Hilfskomitee (seit 1952 als Päpstliches Hilfswerk weiterlebend) umfassende Hilfsmaßnahmen für Kriegsgefangene, Flüchtlinge, Deportierte usw., namentlich auch für Juden. Zur Judenvernichtung hat er sich nicht direkt, sondern nur in allgemeinen Mahnungen geäußert, was ihm nachträglich zunehmend vorgeworfen wird. Was immer man Pius XII. nachsagt oder vorwirft, der Jude Pinchas Lapide hat jedenfalls in seinem Buch „Rom und die Juden" (2. Aufl. 1997) Folgendes geschrieben: „Die katholische Kirche ermöglichte unter dem Pontifikat von Pius XII. die Rettung von mindestens 700.000, wahrscheinlich aber sogar von 860.000 Juden vor dem gewissen Tod von den Händen des Nationalsozialismus. ... Diese Zahlen... übersteigen bei weitem die von allen anderen Kirchen, religiösen Einrichtungen und Hilfsorganisationen zusammengenommen"
Anläßlich des Todes des Papstes 1958 schrieb die damalige Außenministerin und spätere Ministerpräsidentin Golda Meir ins Kondolenz-Telegramm: „In einer von Kriegen und Uneinigkeit bedrückten Welt vertrat er die höchsten Ideale des Friedens und Mitleids. Als in dem Jahrzehnt des nationalsozialistischen Terrors unser Volk ein schreckliches Martyrium überkam, hat sich die Stimme des Papstes für die Opfer erhoben."
Pius XII. hat in der Abwehr von Nationalsozialismus und Kommunismus wie damals ziemlich allgemein den Kommunismus als das gefährlichere System eingeschätzt und entsprechend verurteilt (Dekret des Hl. Offiziums v. 1.7.1949: Wer der kommunistischen Partei beitritt, sie fördert, kommunistische Bücher, Zeitschriften usw. herausgibt, liest oder in ihnen schreibt, wird exkommuniziert).
Pius XII. „zeichneten scharfer Verstand, ausgezeichnetes Gedächtnis, große Sprachgewandtheit und starker Arbeitswille aus. Durch seine Ausstrahlungskraft erlangte das Papsttum hohes internationales Prestige. Nach seinem Tod kam aber Kritik an seinem autoritären Regierungsstil, seinem theatralischen Gebaren und ärgerniserregenden Nepotismus auf. Besonders wurde und wird sein Schweigen gegenüber den Verbrechen des Nationalsozialismus in Frage gestellt." (Josef Gelmi in LThK).
Pius XII. nahm 33 Heiligsprechungen (u.a. Pius X.) vor.
Enzykliken (insgesamt 40):

„Mystici corporis" (29.6.**1943** – über die Kirche): Ausg. Luzern 1943; Freiburg/Br. 1947 [lat.-dt.]; Heilslehre der Kirche. Dokumente von Pius IX. bis Pius XII., besorgt von Anton Rohrbasser, Freiburg/Schweiz 1953, 466-526 [BK-BB 070 D 658]
„Divino afflante Spiritu" (30.9.**1943** – über die Hl. Schrift), in Rohrbasser 210ff
„Fulgens radiatur" (21.3.**1947** – über Benedikt v. Nursia), in Rohrbasser 1121ff
„Mediator Dei" (20.11.**1947** – über die Liturgie): Ausg. DH 3840-3855; Rundschreiben über die heilige Liturgie, Freiburg/Br.: Herder 1948; Rohrbasser 133ff
„Humani generis" (12.8.**1950** – über moderne Irrtümer, u. a. gegen die „Nouvelle Théologie", vor allem gegen Henri de Lubac und Pierre Teilhard de Chardin), in: Rohrbasser 255ff
„Menti nostrae" (23.9.**1950** – über die Heiligkeit des Priesterlebens), in Rohrbasser 873ff
„Evangelii praecones" (2.6.**1951** – über die Missionen), in: Rohrbasser 437ff
„Sempiternus Rex" (8.9.**1951** – über die Christologie), in Rohrbasser 27ff A. Wolkinger: Spirituelle Theologie WS 2008/09 II, S.1-3 2

„Ad coeli Reginam" (1954 – über das Königtum Mariens)
„Sacra virginitas" (1954), Ausg. AAS LXVI (1954) 169f
„Haurietis aquas" (1956 – über die Herz-Jesu-Verehrung)
Apostolische Konstitutionen:

Provida Mater Ecclesiae (2.2.1947 –Anerkennung der Säkularinstitute), in Rohrbasser 981ff
Bis saeculari (27.9.1948 – über die Marianischen Kongregationen), in Rohrbasser 1028ff
Sponsa Christi (21.11.1950 – über die Frauenorden), in Rohrbasser 955ff
Dogmatische Bulle:

„Munificentissimus Deus" (1.11.1950 – über die leibliche Aufnahme Mariens in den Himmel), in Rohrbasser 328ff
Werkausgaben:

Gerechtigkeit schafft Frieden. Reden und Enzykliken, Hamburg 1946. 407 S.
Zur Neuordnung im Staats- und Völkerleben. Ansprachen. Hg. v. H. Schäufele, Waibstadt 1946. 250 S.
Der Papst sagt. Lehren Pius' XII. Nach den vatikanischen Archiven zusammengestellt von M. Chinigo, Frankfurt 1956. 380 S.
Schneider/Blet/Martini (Hg.): Die Briefe Pius' XII. an die deutschen Bischöfe 1939 - 1944 (Veröffentlichungen der Kommission für Zeitgeschichte. Reihe A: Quellen, Bd. 4), Mainz 1966
Utz, Arthur-Fridolin OP/Groner, Johann-Fulko OP (Hg.): Aufbau und Entfaltung des gesellschaftlichen Lebens. Soziale Summe Pius' XII. 3 Bde. Freiburg/Schweiz 1954
*Schmithüs, Karlheinz (Hg.): Von der Einheit der Welt. Das Programm Pius' XII. für eine internationale Friedensordnung. Aus seinen Briefen, Botschaften und Ansprachen zusammengestellt und erläutert v. K. S., Freiburg/Br. (Herder-Bücherei 8) 1957. 186 S.
*Chinigo, Michael (Hg.): Pius XII. sagt, Frankfurt/M. (Fischer Bücherei 269) 1958
Literatur:

Bargellini, Piero: Pastor angelicus. Das Leben Pius XII., Graz: Styria 1949. 204 XXIII S. [BO VIIIc 25,2]; [2]1950
*Hochhuth, Rolf: Der Stellvertreter. Schauspiel, Reinbek: Rowohlt (rp 20) 1963
Leiber, R.: Pius XII., in: LThK[2] VIII (1963) 542-544
*Raddatz, Fritz J. (Hg.): Summa iniuria oder Durfte der Papst schweigen?. Hochhuths „Stellvertreter" in der öffentlichen Kritik, Reinbek (rororo 591) 1963
*Gedanken zu Hochhuths Schauspiel „Der Stellvertreter". Hg. v. d. Kath. Aktion Österreichs, Wien 1964
*Goergen, Josef-Matthias: Pius XII., Katholische Kirche und Hochhuths „Stellvertreter", Buxheim: Martin-Berger 1964
*Friedländer, Saul: Pius XII. und das Dritte Reich. Eine Dokumentation m. e. Nachw. v. Alfred Grosser, Reinbek: Rowohlt (rp 43) 1965
Falconi, C.: Das Schweigen des Papstes. Eine Dokumentation, 1965 (66?)
*Levai, J.: Geheime Reichssache. Papst Pius XII. hat nicht geschwiegen. Berichte, Dokumente, Akten zusammengestellt aufgrund kirchlichen und staatlichen Archivmaterials v. J. L., Köln: Wort und Werk 1966
Go Twan An, Peter: Der Naturbegriff in der Moralverkündigung Pius' XII., Bonn 1976. 308 S. (= Diss. theol.)
Schambeck, Herbert (Hg.): Pius XII. zum Gedächtnis, Berlin: Duncker & Humblot 1977. XV 768 S.
Schambeck, Herbert (Hg.): Pius XII. Friede durch Gerechtigkeit, Kevelaer: Butzon & Bercker 1986. 216 S. [BK-BB 700 P]
Heinz, Andreas/Müller, Paul-Gerhard/Hagel, Ernst (Hg.): Pius XII. Theologische Linien seines Pontifikates: Bibelwissenschaft, Liturgie, Friedensethik [Referate..., die die Autoren im Rahmen der A. Wolkinger: Spirituelle Theologie WS 2008/09 II, S.1-3 3

Tagung Pius XII. (1939-1958), ein Papst in der Mitte des XX. Jahrhunderts, 3.-4. Juni 1989, gehalten haben], Schwerte: Kath. Akademie 1991. 92 S. (= Akademie-Vorträge 36) [BO VIIIc 26,5]

Altmann, Hugo: Pius XII., in: BBKL VII (1994) 682-699

Cornwell, John: Der Papst, der geschwiegen hat. Aus d. Engl. übers. v. Klaus Kochmann, München: Beck 1999. 483 S. (EST: Hitler's pope) [UBG]

Gelmi, Josef: Pius XII., in: LThK³ VIII (1999) 337f

Berger, David (Hg.): Die Enzyklika „Humani generis" Papst Pius XII. 1950 - 2000. Geschichte, Doktrin und Aktualität eines prophetischen Lehrschreibens, Köln: Una-Voce 2000. 155 S.

Blet, Pierre SJ: Papst Pius XII. und der Zweite Weltkrieg. Aus den Akten des Vatikans, Paderborn: Schöningh 2000. XIII 326 S. DM 48,- - Rez. in Bücherbord 26 (2001) 12

Feldkamp, Michael F.: Pius XII. und Deutschland, Göttingen (Kleine Vandenhoeck-Reihe 4026) 2000. 236 S. - Rez. in GuL 74 (2001) 399

Hürten, Heinz: Pius XII. und die Juden, Köln: Bachem 2000. 16 S. (= Kirche und Gesellschaft 271 [BL 011 K 58]

Hummel, Karl-Joseph: Überzogene Anklage. Anmerkungen zur neuen Diskussion über Pius XII., in: HerKorr 54 (2000) 129-135

Schmid, Johanna: Papst Pius XII. begegnen, Augsburg: St. Ulrich 2001. 176 S. € 11,90 – Rez. in ThRv 100 (2004) 31-34

Sánchez, José M.: Pius XII. und der Holocaust, Paderborn: Schöningh 2003. 167 S. € 14,90 – Rez. in Bücherbord 28 (2003) 26f

Besier, Gerhard: Der Heilige Stuhl und Hitler-Deutschland. Die Faszination des Totalitären, München: DVA 2004. 415 S. € 25,60

Godman, Peter: Der Vatikan und Hitler. Die geheimen Archive, München: Droemer 2004. 368 S. € 20,50 – Rez. in Kirche In 18/7 (2004) 37

Oschwald, Hanspeter: Pius XII. Der letzte Stellvertreter. Der Papst, der Kirche und Gesellschaft spaltet, Gütersloh: Gütersloher Verlagshaus 2008. 288 S. € 20,60 – Rez. in Kirche In 22/9 (Sept. 2008) 41